재밌어서 한 말,
뭐가
어때서?

혐오

글쓴이 소이언

서울대학교에서 철학을 공부했고 어린이와 청소년을 위한 책을 만들고 있습니다.
기울어진 세상에서 어린 시민들과 함께 행복하게, 나란히 또 다정히 사는 방법을 찾기 위해
여러 선생님과 머리를 맞대고 바지런히 글을 쓰고 있습니다.
지은 책으로 『공정: 내가 케이크를 나눈다면』 『바이러스: 먼지보다 작은 게 세상을 바꾼다고?』가 있고,
함께 지은 책으로는 『어린이 토론학교: 환경』 『어린이 토론학교: 생명윤리』 등이 있습니다.

그린이 권송이

어린이들과 어떻게 그림으로 소통할까 고민하는 것이 가장 행복한 화가입니다.
듣는 사람이 상처받지 않는, 모두가 재미있는 장난은 없을까 고민하며 이 책의 그림을 그렸습니다.
그린 책으로는 『나는 증인이 아닙니다』 『애덤 스미스 아저씨네 경제 문구점』
『세계의 빈곤, 게을러서 가난한 게 아니야!』 등이 있습니다.

질문하는 어린이

혐오: 재밌어서 한 말, 뭐가 어때서?

초판 1쇄 펴낸날 2019년 11월 4일
초판 7쇄 펴낸날 2023년 9월 1일

글 소이언 | **그림** 권송이 | **펴낸이** 홍지연

편집 고영완 전희선 조어진 이수진 | **디자인** 권수아 박태연 박해연 정든해
마케팅 강점원 최은 신종연 김신애 | **경영지원** 정상희 여주현

펴낸곳 (주)우리학교 | **출판등록** 제313-2009-26호(2009년 1월 5일)
주소 04029 서울시 마포구 동교로12안길 8 | **전화** 02-6012-6094 | **팩스** 02-6012-6092
홈페이지 www.woorischool.co.kr | **이메일** woorischool@naver.com

ⓒ 소이언, 권송이, 2019
ISBN 979-11-90337-07-6 73330

※ 책값은 뒤표지에 적혀 있습니다.
※ 잘못된 책은 구입한 곳에서 바꾸어 드립니다.

재밌어서 한 말, 혐오 뭐가 어때서?

소이언 지음 | 권송이 그림

우리학교

프롤로그
왜 혐오를 멈춰야 해?

 안녕하세요? 마루예요. 딱히 좋은 것도 싫은 것도 없어서 맨날 시간이 모자라죠.

 전 보보예요. 좋고 싫은 게 확실하죠. 싫은 것들을 피하느라 맨날 시간이 모자라요.

 근데 뭘 가르쳐 준다고 그랬더라?

 그게 궁금해, 넌? 난 그게 뭐든 별로 배우고 싶지 않아.

프롤로그
왜 혐오를 멈춰야 해? … 4

1
이게 혐오라고? … 8

2
왜 안 될까, 이 말? … 26

3
꼼짝 마, 혐오! … 40

4
싫은 데는 다
이유가 있는 거 아냐? … 54

5
가시 돋친 마음은
왜 생겨날까? … 70

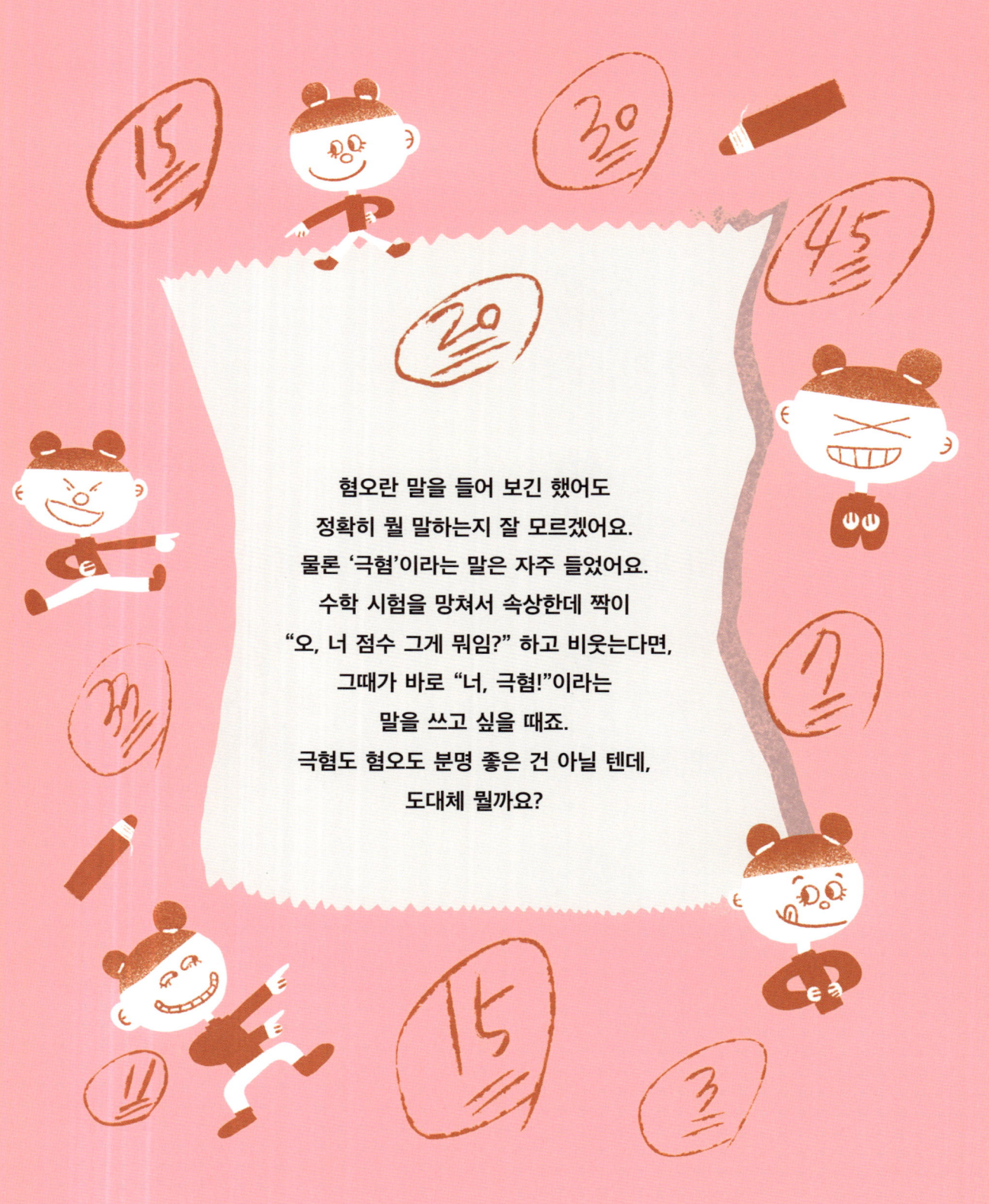

혐오란 말을 들어 보긴 했어도
정확히 뭘 말하는지 잘 모르겠어요.
물론 '극혐'이라는 말은 자주 들었어요.
수학 시험을 망쳐서 속상한데 짝이
"오, 너 점수 그게 뭐임?" 하고 비웃는다면,
그때가 바로 "너, 극혐!"이라는
말을 쓰고 싶을 때죠.
극혐도 혐오도 분명 좋은 건 아닐 텐데,
도대체 뭘까요?

1 이게 혐오라고?

혐오는 왜 절대 해서는 안 될까?

세상에 좋은 것만 있으면 참 좋겠는데, 싫은 게 참 많아요. 급식으로 나오는 곤드레밥도 싫고, 밀린 학원 숙제도 싫고, 바퀴벌레나 똥파리도 싫어요. 물어보지도 않고 내 물건을 함부로 막 쓰는 친구도 싫죠. 그렇다면 '혐오'는 바퀴벌레가 들어 있는 곤드레밥을 볼 때의 감정과 비슷한 걸까요? 사람마다 좋아하고 싫어하는 게 다르니까 뭔가를 혐오할 수도 있을 텐데, 왜 절대 해서는 안 된다고 할까요?

너는 어떤 말로 싸우니?

교실 속 혐오를 문제라고 생각한 어느 선생님이, 경기도의 한 중학교 교실에서 학생들이 누군가를 놀리거나 서로 싸울 때 주로 어떤 말을 쓰는지 조사해 봤대요. 그중에 몇 가지만 함께 살펴볼까요?

돼지, 멧돼지, 쿵쾅이, 파오후
저능아, 빙신, 바보곰탱이
흑형, 똥남아, 짱개

왜 여자가 더 외모로 놀림당할까?

돼지, 멧돼지, 쿵쾅이는 누구에게 하는 말인지 금방 알겠죠? 맞아요. 바로 살집이 있는 친구들을 놀리려고 하는 말이에요. 파오후는 뚱뚱한 사람이 숨 쉬는 모습을 놀리는 말이고요.

그런데 이런 말들을 쓸 때 공통점이 있대요. 바로 남학생이 아니라 주로 여학생에게 쓴다는 거예요. 왜 남자보다 여자를 더 외모로 놀리는 걸까요? 참 이상하지 않나요?

말 속에 무엇이 숨었을까?

튀는 행동을 하거나 조금 까부는 친구, 뜬금없이 애교를 부리는 친구, 계속 웃기려고 하는 친구들에겐 무슨 말을 썼을까요? 저능아, 빙신, 바보곰탱이 등 장애인을 비하하는 말을 썼어요. 피부가 까무잡잡하거나 외모를 놀리고 싶은 친구들에게는 흑형, 똥남아, 짱개처럼 다른 인종을 비웃는 말을 가져다 썼지요.

소수자라는 말, 들어 봤니?

  우리는 평소에 잘 느끼지 못하지만, 누군가를 놀리거나 괴롭힐 때 사용하는 말 속에는 흔히 장애인, 흑인, 동남아시아 사람을 비웃는 말이 들어 있어요. 이들에게는 공통점이 있습니다. 바로 소수자라는 점이죠. '소수자'라는 말을 혹시 들어 봤나요? 소수자는 오래전부터 사회에서 차별을 받아 왔고, 지금도 여전히 차별받는 사람들을 말해요.

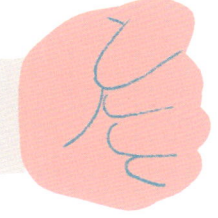

소수자는 흑인, 유대인, 동성애자, 장아인, 이슬람교 신자들처럼 인종, 민족, 성별, 장애, 종교와 같은 다양한 이유로 불공평한 대접을 받는 사람들을 말해요. **사회적 약자**는 힘과 권력이 없거나 돈이 없는 사람들을 뜻해요. 대부분의 소수자는 사회적 약자가 되기 쉬워요.

그 말이 왜 거기서 나와?

아무리 생각해도 이상합니다. 왜 마음에 들지 않는 친구를 괴롭힐 때 소수자에 빗대서 공격하는 걸까요? "어휴, 생긴 것도 연탄같이 시커먼 게!"라는 말도 외모를 비하하는 미운 말이에요. 그런데 굳이 "어휴, 생긴 것도 딱 흑인 같은 게!"라고 말하는 이유는 뭘까요? 그러면 더 세 보여서? 그렇게 해야 상대방을 더 크게 한 방 먹일 수 있어서?

혐오냐 아니냐를 가르는 기준

자, 이번엔 뭘 정할 때마다 심하게 망설이는 친구에게 하는 말을 비교해 봐요. "아이고, 답답해! 야, 이 고구마 같은 놈아!"라는 말과 "아이고, 답답해! 야, 너 결정 장애야?"라는 말 중 어떤 말이 더 나쁠까요?

물론 둘 다 듣기 좋은 말은 아니에요. 그런데 '고구마'라는 말은 가끔 해도 되지만, '결정 장애'라는 말은 하면 안 돼요. 고구마는 그냥 고구마지만, 결정 장애는 답답하고 속 터지는 마음을 '장애'라고 표현했기 때문이에요. 안 그래도 늘 소외감을 느끼는 장애인들이 들으면 얼마나 속상하겠어요?

차도르는 무슬림 여성이 외출할 때 몸을 가리기 위해 입는 옷이에요. 그럼 **무슬림**은 무엇일까요? 이슬람교를 믿는 사람들을 말해요. **이슬람교**는 기독교, 불교처럼 오랜 역사와 전통을 가진 종교 중 하나예요.

혐오와 소수자가 무슨 상관이야?

혐오를 이야기하는데 왜 자꾸 소수자 이야기를 하냐고요? 그건 혐오가 소수자와 떼려야 뗄 수 없는 관계에 있기 때문이에요. '혐오'를 사전에서 찾아보면 싫어하고 미워하는 감정이라고 나와요. 그런데 혐오는 단순히 싫다는 감정과는 좀 달라요. 법과 인권을 연구하는 숙명여자대학교 홍성수 선생님은 혐오를 설명할 때 '파란 옷'을 싫어하는 마음과 '차도르'를 싫어하는 마음을 비교해 보라고 해요.

듣는 사람의 기분을 상상해 봐

파란 옷을 입은 사람에게 "난 파란 옷이 싫어."라고 말한다고 해 봐요. 그 말을 듣는 사람은 기분이 어떨까요? 기분이 좋지는 않지만 크게 신경 쓰진 않겠죠. 하지만 차도르를 입은 사람에게 "난 차도르가 싫어."라고 말하면 이야기가 달라져요.

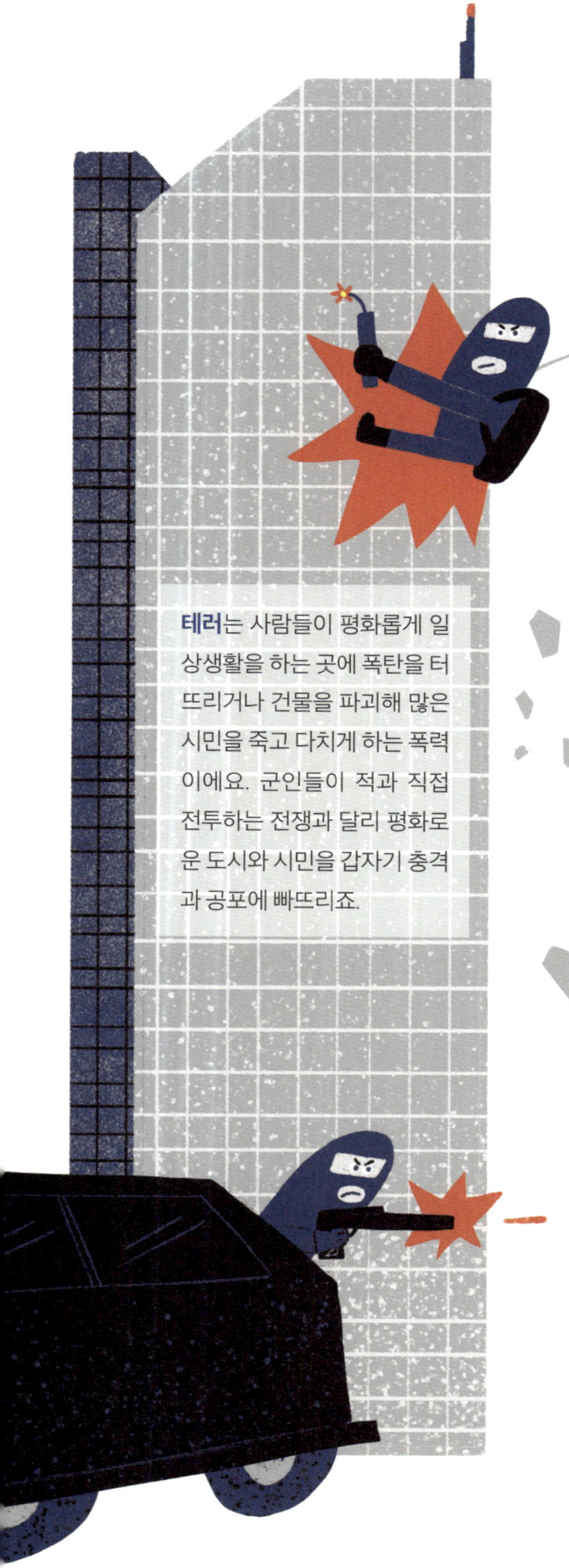

아픈 역사를 가진 사람들

이슬람교를 믿는 나라는 주로 서아시아, 그러니까 아랍 지역에 있어요. '중동'이라고도 부르죠. 이곳에는 중요한 에너지원인 석유가 많이 묻혀 있어요. 큰돈이 되는 석유 때문에 이슬람 국가들과 미국, 유럽은 사이가 좋지 않았어요. 게다가 종교에 대한 생각 차이로 크고 작은 싸움이 계속 일어났어요. 전쟁을 일으킨 사람들은 중동 지역은 물론 전 세계를 가리지 않고 끔찍한 테러를 저질렀죠. 평화를 사랑하는 평범한 무슬림들은 전쟁과 테러를 피해 난민이 되어 전 세계를 떠돌게 되었고요.

테러는 사람들이 평화롭게 일상생활을 하는 곳에 폭탄을 터뜨리거나 건물을 파괴해 많은 시민을 죽고 다치게 하는 폭력이에요. 군인들이 적과 직접 전투하는 전쟁과 달리 평화로운 도시와 시민을 갑자기 충격과 공포에 빠뜨리죠.

이슬람 사원에 걸려 오는 협박 전화

　사람들은 무슬림을 곱게 보지 않아요. "무슬림은 모두 테러리스트야!", "무슬림을 우리나라에 받아 줘선 절대 안 돼!" 하는 이야기를 어디에서나 쉽게 들을 수 있어요. 다른 나라에서 폭탄 테러라도 일어나면 서울에 있는 이슬람 사원에 항의 전화가 쏟아진다고 해요.

　하지만 우리나라에 있는 무슬림은 테러리스트가 아니에요. 대학에서 공부하는 학생이나 외국 기업에 다니는 회사원, 우리나라 사람과 결혼하거나 대한민국이 좋아서 이주한 사람들이 대부분이죠. 그런데도 사람들은 무슬림이 우리와 외모가 다른 것도, 전쟁을 피해 우리나라에 도움을 구하는 것도 다 못마땅하게 여깁니다. 그래서 무슬림들은 우리나라에서 맘 편히 행동하거나 좋은 직업을 얻기가 힘들어요.

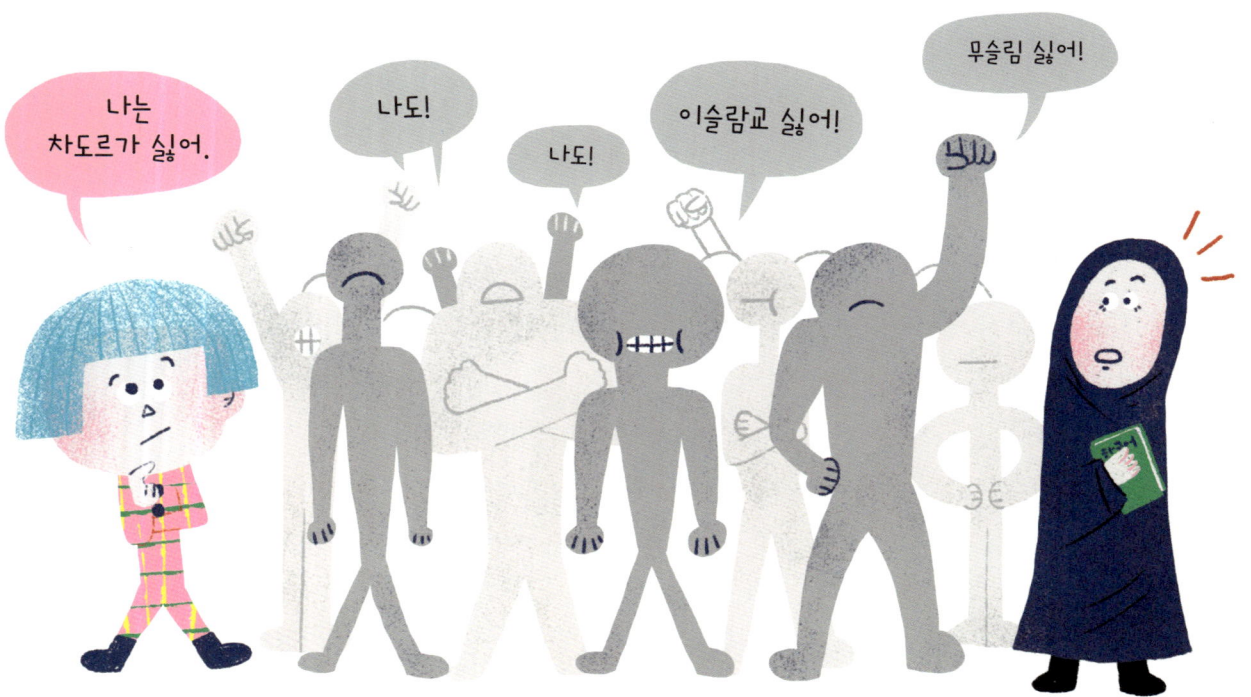

내 말은 그런 뜻이 아니었는데

 그렇기 때문에 우리나라에 사는 무슬림 여성이라면 많은 사람이 무슬림을 싫어하고 피한다는 사실을 모를 수 없어요. 그런데 그 사람에게 "난 차도르가 싫어."라고 말한다면 어떤 기분이 들까요? '아, 이 사람도 무슬림을 싫어하는구나.'라는 생각에 왠지 주눅이 들고, 혹시 욕하거나 때리기라도 할까 봐 두려울 거예요. 나에게 그런 마음이 전혀 없더라도, 이미 세상이 차도르를 입은 사람을 따돌리고 차별하고 있기 때문에 "차도르가 싫다."라는 내 말은 무슬림 여성에게 커다란 상처를 줘요.

그 말과 이 말은 엄연히 달라

혐오의 말인지 아닌지를 가릴 때는 듣는 사람의 기분이 중요해요. "자전거가 걸리적거려."라는 말과 "휠체어가 걸리적거려."라는 말을 비교해 볼까요. 자전거를 탄 사람이 단순히 불쾌해한다면, 장애인은 불쾌함을 넘어 슬프고 두려운 기분까지 느끼게 되죠. 우리 사회에 자전거 타는 사람을 차별하는 일은 거의 없지만, 장애인을 차별하는 사람은 아주 많으니까요.

그게 바로 혐오야

집에서, 학교에서, 또 학원에서 여럿이 함께 지내다 보면 말로 상처를 주고받을 때가 참 많아요. 주먹으로 때리고 발로 차지 않아도 마음을 다치게 하니까요. "꺼져."라는 말 한마디를 떠올려 봐요. 우리는 말도 폭력이 될 수 있다는 걸 알아요.

그런데 혐오는 그냥 괴롭히는 말보다 더 심한 폭력이에요. 눈앞에 있는 친구만 상처 입히는 게 아니라 이 세상의 수많은 소수자까지 한꺼번에 상처 입히는 말이기 때문이에요. 사람을 차별해도 된다는 생각을 널리 퍼뜨리는 일에 나도 모르게 발을 담그지 않도록 조심해야겠죠?

듣고 싶은 말, 듣기 싫은 말

교실에서 듣고 싶은 말

- 같이 놀자
- 잘될 거야
- 고마워
- 너라면 믿을 수 있지
- 역시 네가 있어야 해
- 괜찮아
- 걱정하지 마
- 역시 넌 내 친구야
- 좀 못 하면 어때
- 힘내!
- 너 정말 소질 있다!

교실에서 듣기 싫은 말

- 잘난 척하지 마
- 좋은 말로 할 때 꺼져
- 너랑은 말이 안 통해
- 대박 재수 없어
- 너랑 안 놀아
- 그것도 못 하냐
- 싸가지 극혐
- 인성 더럽다
- 핵노잼이야
- ○나 ○발 망할
- 빡친다, 닥쳐라

집에서 듣고 싶은 말

- 잘했어
- 사랑해
- 수고했어
- 오늘은 마음껏 놀아
- 네가 있어 다행이야
- 푹 쉬어
- 괜찮아, 그럴 수도 있지
- 고생했어, 애 많이 썼구나
- 천천히 해도 돼
- 너라면 할 수 있을 거야
- 오늘 맛있는 거 해 줄까?

집에서 듣기 싫은 말

- 시험 잘 봤어?
- 하지 마, 당장 그만둬
- 듣기 싫어
- 알아서 좀 해
- 아빠 어렸을 때는
- 그냥 하라는 대로 해
- 공부나 해
- 네가 제대로 하는 게 뭐니
- 동생한테 양보해라
- 도대체 누굴 닮아 이러니
- 지금 바쁘다니까

그냥 장난이에요. 친구를 좀 놀린 것뿐이에요.
장애인이나 이주민에게
대놓고 말한 것도 아니잖아요.
뭐가 잘못인지 알쏭달쏭해요.
다른 친구들이 쓰는 말을 따라 한 건데
왜 문제인가요?
재밌는데 왜 쓰면 안 되나요?

왜 안 될까, 이 말?

웃자고 한 말이 누군가를 아프게 한다면

TV 속 한 코미디 프로그램에서 7살짜리 아이로 분장한 코미디언이 새 장난감을 자랑합니다. 그러자 얼굴에 콧물 분장을 한 상대편 코미디언이 과장된 몸짓으로 말합니다.

"쟤네 아버지가 양육비 보냈나 보다. 부럽다, 부러워. 너는 얼마나 좋니? 선물을 양쪽에서 받고. 재테크야, 재테크! 너 오늘은 엄마 집으로 가냐, 아빠 집으로 가냐?"

방청객들이 큰 소리로 웃습니다. 그중에는 분명히 한부모 가정의 자녀도 있었을 텐데, 같이 웃을 수 있었을까요?

또 다른 코미디언은 콘서트 무대에 올라 노래를 부르고는, 관객에게 안무를 가르쳐 주며 말했어요.

"팔을 번쩍 올리세요. 팔을 반만 올리면 진짜 빙신 같아 보입니다!"

관객들이 또 큰 소리로 웃습니다. 그중에는 몸이 불편한 장애인들도 있었어요. 이들의 마음이 어땠을까요? '빙신'이란 말을 들었을 때보다 자기 주변에 앉은 사람들이 크게 웃었을 때 더 마음이 아팠을 거예요.

재밌어서 따라 한 말이 혐오라고?

"장난인데 뭐 어때요. 재밌어서 따라 한 거예요."
'빙신, 앙 기모띠, 김치녀, 니애미, 급식충, 틀딱충' 같은 말을 혐오 표현이라고 짚어 주면 돌아오는 대답입니다. 인기 있는 유튜브 방송에서도 흔히 쓰고, 친구들도 다 하는 말인데 뭐가 문제냐는 거죠. 웃자고 한 농담에 진지한 반응은 거절한다고 말하죠.

모르고 쓴 말인데 그게 잘못이야?

우리는 실수하면 "모르고 그랬어, 미안."이라고 말해요. 모르고 쓴 나쁜 말도 그렇게 넘어가면 되는 걸까요? '앙 기모띠'라는 말을 자주 쓰는 친구들이 있어요. 맛있는 걸 먹을 때도 쓰고 축구를 하다 점수가 나도 쓰죠. 아무 때나 막 써요. 하지만 이 말은 흔히 '야동'이라그 불리는 일본 19금 성인용 동영상에 나오는 소리를 가져다 만든 말이에요. 뜻을 알고 나면 도저히 따라 할 수 없는 말이죠.

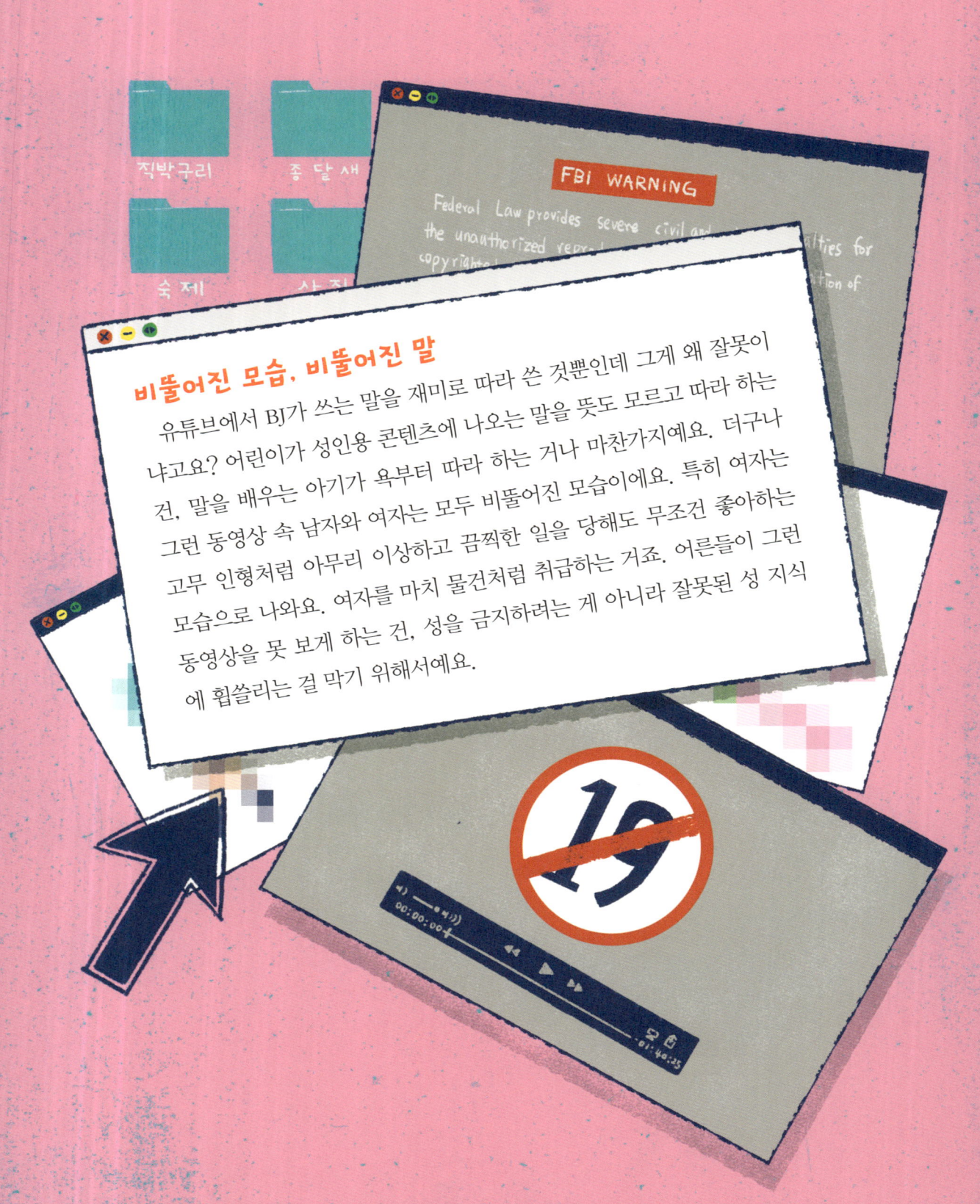

비뚤어진 모습, 비뚤어진 말

유튜브에서 BJ가 쓰는 말을 재미로 따라 쓴 것뿐인데 그게 왜 잘못이냐고요? 어린이가 성인용 콘텐츠에 나오는 말을 뜻도 모르고 따라 하는 건, 말을 배우는 아기가 욕부터 따라 하는 거나 마찬가지예요. 더구나 그런 동영상 속 남자와 여자는 모두 비뚤어진 모습이에요. 특히 여자는 고무 인형처럼 아무리 이상하고 끔찍한 일을 당해도 무조건 좋아하는 모습으로 나와요. 여자를 마치 물건처럼 취급하는 거죠. 어른들이 그런 동영상을 못 보게 하는 건, 성을 금지하려는 게 아니라 잘못된 성 지식에 휩쓸리는 걸 막기 위해서예요.

여자는 무조건 예뻐야 한다고?

친구들을 놀리는 말 중에는 유독 외모에 대한 것들이 많아요. 좀 통통하면 돼지나 호빵맨이 되고, 말랐다 싶으면 멸치나 해골이 되는 게 순식간이죠. 그런데 유독 여자 친구들의 외모를 더 물고 늘어집니다. 여자가 예쁘고 날씬한 외모를 가지는 걸 당연하게 여기는 사회 분위기 때문이지요.

차별받는 전 세계의 절반

'김치녀'라는 말을 들어 봤나요? 그냥 한국 여자를 장난스럽게 부르는 말인 줄 아는 친구들도 있어요. 하지만 '김치녀'나 '된장녀'라는 말은 여자가 비싼 커피를 마시고 명품백 같은 사치품을 산다고 비아냥대는 말이에요. 남자가 고급 와인을 마시고 비싼 자동차를 사면 능력이 뛰어나다고 칭찬하면서 여자의 소비는 왜 비난하는 걸까요?

그건 '여자가 돈을 잘 벌 리 없다.', '남자에게 얻어 낸 게 틀림없다.', '여자는 겸손하고 절약해야 한다.'라는 차별적인 생각이 바탕에 깔려서 그래요. 여성은 그 수가 전 세계의 절반이나 되지만, 너무나 오랫동안 차별받아 와서 소수자로 분류되죠. 그래서 여성을 놀리고 비하하면 혐오의 말이 된답니다.

사람은 벌레가 아냐

혐오와 관련된 다른 이야기를 하나 해 볼게요. 얼마 전부터 일본에서 한국을 싫어하는 분위기가 크게 높아졌어요. 한국을 싫어하는 분위기를 '반한 감정'이라고 하죠. 반한 감정을 가진 시위대가 일본에서 한국인이 모여 사는 곳에 몰려와 이렇게 외쳤대요.

"착한 한국인도 나쁜 한국인도 다 사라져라!"

"한국 사람은 바퀴벌레다!"

내가 소수자라고 생각해 봐

어때요, 이런 말을 들으니 엄청 화나죠? 만약 여러분이 일본에 살고 있는데 저런 말을 들었다고 상상해 봐요. 혹시 그들이 나에게 폭력을 휘두를까 봐 덜컥 겁이 날 거예요. 한국인인 게 들통날까 봐 입을 꾹 다물고 조용히 구석에 숨겠죠. '김치 냄새'란 말만 들어도 몸과 마음이 쪼그라들 거예요. 이게 바로 소수자가 경험하는 일이에요.

장난과 괴롭힘의 경계

장난인데 뭐 어떠냐고요? 그런 생각이 든다면 장난과 괴롭힘의 경계를 기억해야 해요. 나도 재밌고 상대방도 재밌으면 장난, 나만 재밌고 상대방은 아니면 괴롭힘이에요.

장애인이나 동성애자에게 직접 혐오의 말을 하는 것도 아닌데 뭐가 문제냐고요? 친구들을 소수자에 빗대어 놀리는 말이 입에 붙는 순간, 우리 마음도 차별에 물들기 시작해요. 나중에는 아무 거리낌 없이 장애인, 여성, 동성애자, 이주민 들에게 대놓고 화살을 던지게 돼요.

마음속의 두 얼굴

참 이상하죠. 남을 놀리는 건 은근히 재밌어요. 약한 사람을 괴롭히면 스트레스가 풀리는 것 같기도 해요. 그래요. 사실 우리 인간에게는 공격 본능이 있어서 그런 마음이 들 수 있어요. 하지만 그건 분명히 나쁜 마음이고 옳지 않은 일이죠. 그래서 재밌어도 절대 해서는 안 되는 거예요. 우리 마음속에는 나쁜 씨앗과 좋은 씨앗이 함께 심겨져 있어요. 어떤 씨앗에 물을 주고 키울지 우리가 선택할 수 있죠.

혐오를 둘러싼 단어 사전

편견

공정하지 않게 한쪽으로 치우친 생각을 말해요. '여자는 수학을 못한다.'나 '곱슬머리는 고집이 세다.'라는 말처럼 정확한 근거도 없는데 믿어 버리죠. 한번 생기면 잘 변하지 않아 '선입견' 또는 '고정관념'이라고도 불러요.

증오

혐오는 '싫어할 혐(嫌)'과 '미워할 오(惡)'자가 합쳐진 말이에요. 증오는 '미워할 증(憎)'과 '미워할 오(惡)'자가 합쳐진 말로 혐오보다 더 싫어하고 미워하는 마음이죠.

무시

어떤 일을 모른 척하거나 사람을 깔보고 업신여기는 태도예요. 무시당하면 정말 기분이 상하죠.

비하

사람을 업신여기고 헐뜯는 행동이에요. 상대방의 인격을 바닥으로 끌어내리는 행동이라 '아래 하(下)'자가 들어 있죠.

멸시

상대방을 하찮게 여기고 깔보는 마음이에요. '업신여길 멸(衊)'자가 들어 있죠. 비슷한 말로 '경멸'이 있어요. 멸시나 경멸의 바탕에는 아주 싫어하는 마음이 깔려 있어요.

조롱

상대방을 비웃고 깔보며 놀리는 행동이에요. 누군가를 놀리는 건 그 사람의 약점을 잡아 조금 짓궂게 웃음거리로 만들지만, 조롱은 거기에 무시하는 마음과 깔보는 마음이 더해진 거예요.

배제

누군가를 어떤 일이나 모임에 받아 주지 않고 못 들어오게 하는 거예요. '제외'는 따로 떼어 놓는 것이지만 '배제'는 적극적으로 따돌리는 행동이에요.

격리

다른 것들과 만나거나 통하지 못하게 사이를 막거나 떼어 놓는 일이에요. 전염병에 걸린 사람을 격리하는 일은 필요하지만, 피부색이나 종교가 다르다고 격리하는 것은 말도 안 되죠.

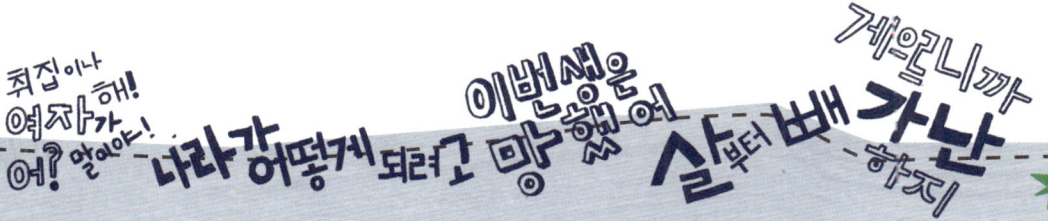

친구 사이에 장난이나
농담으로 한 말인데,
왠지 마음이 불편할 때가 많죠?
까다로운 애, 잘난 척하는 애, 예민한 애,
분위기를 싸늘하게 만드는 애가 될까 봐 아무 말도 못 했나요?
어떻게 해야 서로 마음 상하지 않고 혐오의 말을
사라지게 할 수 있을까요?

꼼짝 마, 혐오!

도대체 누가 혐오를 한다는 거지?

교육청에서 학생 인권 실태 조사를 하면서 학생들에게 이렇게 물어봤대요. "또래 친구가 다문화 가정이라는 사실을 알게 된다면?" 어떤 대답이 나왔을까요?

"친하게 지내지 않는다."라는 대답은 1프로에 불과했어요. 그렇다면 도대체 누가 다문화 가정의 친구를 '트남이', '똥남아', '바퀴스탄'이라고 부르며 놀리는 걸까요?

혐오는 하늘에서 뚝 떨어지지 않아

 사실 소수자에게 대놓고 혐오의 말을 하는 어린이나 청소년은 거의 없어요. 길을 가다가 어떤 아저씨가 지나가는 이주민에게 "너희 나라로 꺼져!"라는 말과 함께 침을 퉤 뱉는 걸 봤다고 해 봐요. 화가 나겠죠. 누군가 장애인에게 "왜 나와서 돌아다녀? 재수 없게."라고 말하는 걸 들었다면, 그 장애인만큼이나 속상할 거예요. 그런데 친구끼리 장난칠 때는 아무 생각 없이 이렇게 말한 적 있지 않나요?

 "야, 애자처럼 왜 그래!"

 혐오의 싹은 이렇게 자라기 시작해요. 유튜브를 따라 하고, 게임 채팅창에서 주워들은 이야기를 따라 하고, 친구들이 하는 말을 따라 하면서 혐오는 점점 자라나요. 처음부터 마음에 방어막을 단단히 치지 않으면, 나중엔 혐오의 싹이 걷잡을 수 없이 자라나 커다랗고 무시무시한 나무로 뿌리내려 버릴 거예요.

기회는 지금뿐이야

학년이 올라갈수록 주변 친구들은 더 많은 혐오의 말을 쓸 거예요. 그런 말을 쓰는 게 왠지 유머러스하고 멋져 보일 수도 있어요. 하지만 남을 비하하고, 조롱하고, 무시하는 일이 어떻게 멋질 수 있겠어요? 말에 깃든 못된 생각이 내 마음을 덮어 버리기 전에 빨리 멈춰야 해요.

기분 나쁘면 웃지 않아도 돼

혐오의 말은 친한 사이에서 장난으로 종종 쓰여요. 그럴 땐 분위기를 싸늘하게 만들기 싫어서 그냥 참고 넘어가는 일이 많죠. 친구들과 더 가깝게 지내고 싶어 마지못해 다들 쓰는 혐오의 말을 따라 하기도 해요.

하지만 혐오의 말은 절대 쓰지도 말고, 듣고 가볍게 넘기지도 마세요. 혐오의 말은 무슨 뜻인지 정확히 몰라도 들으면 왠지 기분이 나빠져요. 말에 이미 나쁜 기운이 스며 있기 때문이에요. 어떤 말을 들었을 때 기분이 나쁘면 웃지 마세요. 웃기지 않으면 웃어 주지 마세요.

모르고 썼다면 앞으로는 쓰지 마

 뜻을 정확히 알면 민망하고 창피해서 혐오의 말을 쓰지 못할 거예요. 원래 착한 앤데 왜 아무렇지도 않게 그런 말을 쓰는지 모르겠다고요? 대부분의 친구가 말뜻을 모르고 써서 그래요.

 "잘못인 줄 몰랐어요."라는 말은 "앞으로는 안 하겠습니다."와 짝이 될 때만 믿어 줄 수 있어요. 안 그럼 그냥 뻔뻔한 사람이 되는 거죠.

소리 내서 말해 봐

한 TV 프로그램에서 남자 진행자가 여자 코미디언을 보고 "얼굴이 남자같다."라고 놀렸어요. 놀리는 사람은 재밌었겠지만 듣는 사람은 얼마나 기분이 나빴을까요? 그때 코미디언은 웃어넘기거나 화내는 대신, 잠시 그를 쳐다보며 "어? 상처 주네?" 하고 말했어요. 이 짧은 말의 효과는 꽤 컸어요. 진행자는 바로 사과했고, 코미디언이 웃으며 괜찮다고 답하면서 분위기가 부드럽게 바뀌었죠.

외모를 비하하는 말을 듣거나 누군가를 혐오하는 말을 들었을 때 웃어넘기지 말고, 차분히 "그런 말 하지 마. 그거 웃기지 않아."라고 말하는 연습을 하세요. 하면 할수록 자연스러워져요. 자연스럽게 내뱉는 이 작은 한마디가 혐오와 차별을 확실히 막아 줄 거예요.

혐오는 아웃!

그게 표현의 자유라고?

혐오의 말을 그만하라고 하면, "싫은 걸 싫다고 말할 자유가 있다."고 주장하는 사람이 꼭 있어요. 하지만 원래 표현의 자유는 소수자를 위한 거예요. 옛날에는 신분이 낮고 힘과 돈이 없는 사람은 말할 자유도 없었죠. 독재자가 민주주의를 억압할 때는 대통령을 비판하는 말을 하면 감옥에 가두기도 했고요. 그런 걸 막으려고 표현의 자유가 있는 거예요. 혐오의 말은 자유가 아니라 나쁜 짓이죠. 그래서 법에 명예훼손죄와 모욕죄가 있는 거예요. 차별금지법과 혐오금지법도 만들어지고 있어요.

혐오의 반대편에는 다양성과 공존이 있어

'게이 지수'라는 게 있어요. 미국의 경제학자 리처드 플로리다가 도시의 개방성과 다양성을 측정하려고 만들었죠. 조사 결과 동성애자가 많이 사는 지역일수록 첨단산업이 발달했어요. 아마존과 스타벅스의 고향인 시애틀은 물론, 샌프란시스코, 샌디에이고, 오스틴 등 멋지고 사랑받는 도시에는 성소수자가 많이 살았죠. 성소수자를 자연스럽게 끌어안는 개방적이고 자유로운 분위기가 사람들의 창의성을 북돋았기 때문이에요.

다양하다는 건 정말 멋진 것

 우리나라는 안타깝게도 유명하고 힘센 정치인이 TV에 나와 대놓고 "나는 동성애에 반대합니다."라고 말해요. 버락 오바마가 미국 대통령이었을 때, 그는 청소년 성소수자를 지지하는 캠페인에 가서 "여러분의 다름은 긍지와 힘의 원천이 될 것입니다."라고 말했죠. 성소수자는 둘 중 어떤 세상에서 더 행복할까요? 소수자가 행복한 세상이 우리에게도 아름다운 세상이라는 걸 잊으면 안 돼요. 소수자를 끌어안을 때 우리의 마음도, 환경도 더욱 다채로워지니까요.

혐오의 말을 안 하는 것도 중요하지만 들었을 때 못 하게 막는 것도 중요해.
행복해지려면 미움받을 용기가 필요하다더니….
혐오 금지

혐오의 말을 차단하는 순서도

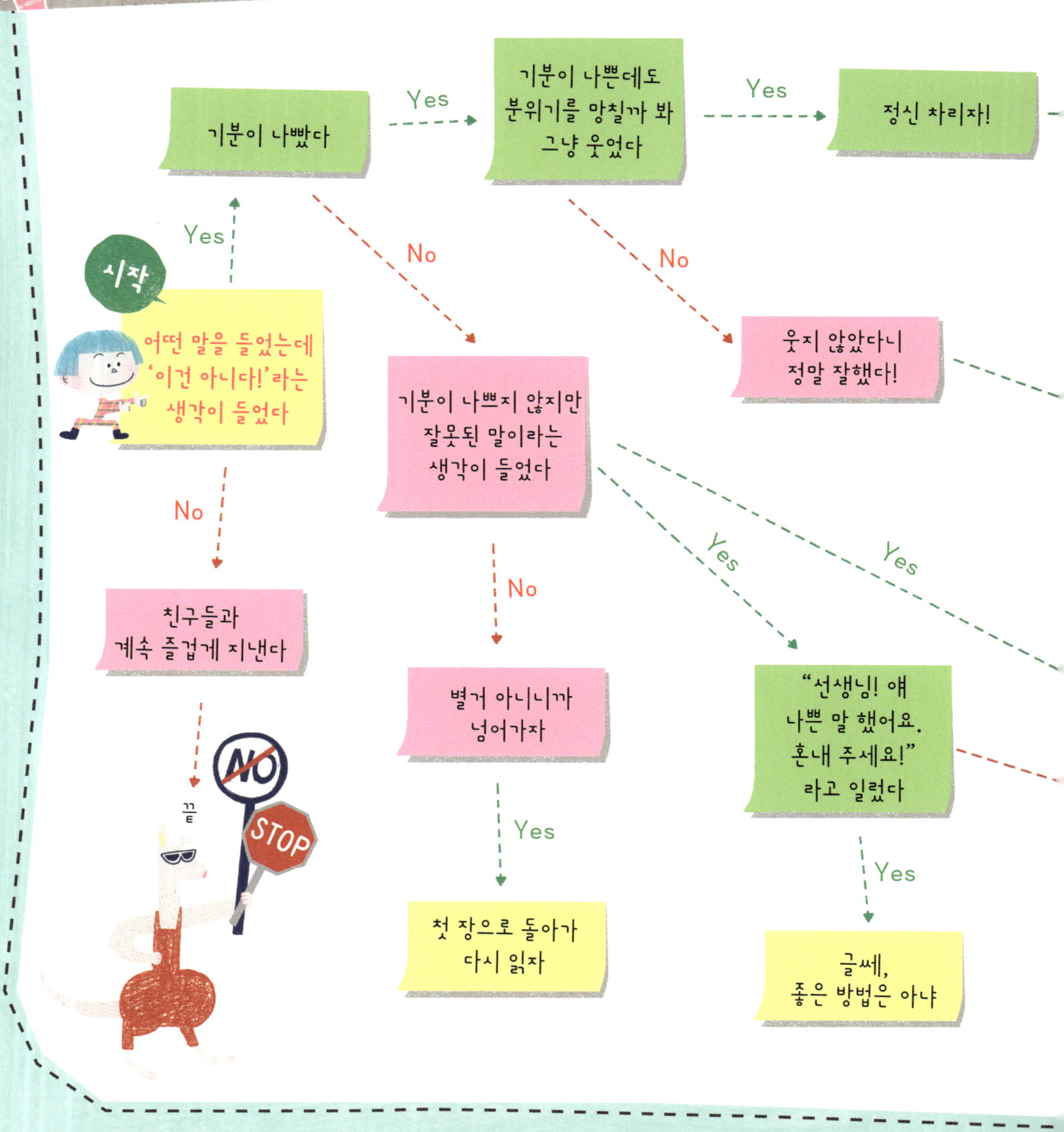

시작: 어떤 말을 들었는데 '이건 아니다!'라는 생각이 들었다

- No → 친구들과 계속 즐겁게 지낸다 → 끝
- Yes → 기분이 나빴다
  - Yes → 기분이 나쁜데도 분위기를 망칠까 봐 그냥 웃었다
    - Yes → 정신 차리자!
    - No → 웃지 않았다니 정말 잘했다!
  - No → 기분이 나쁘지 않지만 잘못된 말이라는 생각이 들었다
    - No → 별거 아니니까 넘어가자
      - Yes → 첫 장으로 돌아가 다시 읽자
    - Yes → "선생님! 얘 나쁜 말 했어요. 혼내 주세요!"라고 일렀다
      - Yes → 글쎄, 좋은 방법은 아냐

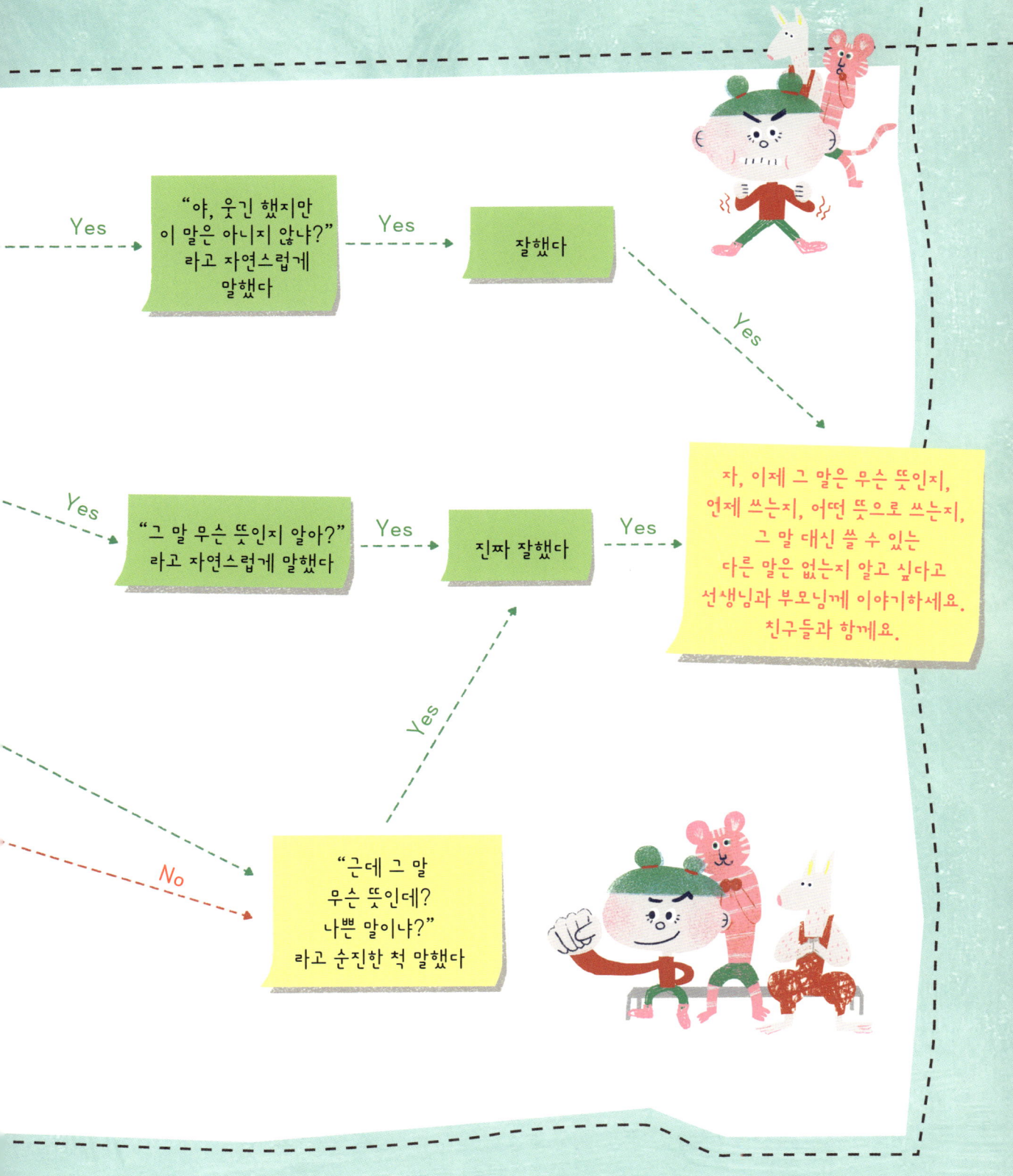

4

싫은 데는 다 이유가 있는 거 아냐?

싫은 건 이유가 있어서라고?

　학교 또는 학원에 싫어하는 친구들이 있죠? 욕심 많은 애, 고자질하는 애, 거짓말하는 애, 말할 때 끼어드는 애, 내 물건을 함부로 가져다 쓰는 애, 친한 애들로만 그룹을 만들어서 다른 친구는 안 끼워 주는 애. 모두 참 얄미운 친구들입니다. 이런 애들을 싫어하는 것도 잘못일까요?

이주민에 대한 어떤 생각들

　'이주민' 하면 무엇이 떠오르나요? 한 신문사에서 조사해 봤더니 '막노동, 가난, 까무잡잡, 후줄근, 꺼려짐, 냄새, 범죄자' 같은 단어가 나왔어요. 동남아시아 사람들은 원래 게으르다고요? 무슬림은 죄다 테러리스트고, 조선족은 말보다 주먹을 먼저 휘두른다고요? 나만 그렇게 생각하는 게 아니라 다들 그렇게 생각하고, 나만 싫어하는 게 아니라 다들 싫어한다고요?

편견은 어디에서 왔을까?

왜 그런 생각을 하게 되었나요? 혹시 직접 이주민을 만난 적이 있나요? 몇 번이나, 몇 명이나 만나 보았나요? 길을 가다가 스쳐 지나간 적은 몇 번 있겠죠. 그때 만난 이주민들이 다 게으르고 냄새나고 폭력적이었나요? 절대 그럴 리가 없어요. 피부색과 생김새가 좀 다를 뿐, 평범한 사람들이었을 거예요.

왜 그런 생각을 가지게 되었을까?

　우리는 이주민이 혐오스럽다는 생각을 인터넷 댓글이나 유튜브 방송, 게임 채팅창에서 접해요. TV나 영화에서 우스꽝스럽게 또는 폭력적으로 그려지는 이주민들을 만나기도 합니다. 이주민이 어떤 사람들인지 깊이 생각해 보거나 그들과 친하게 지내 본 적도 없는 이들이 이런 편견을 만들고 퍼뜨리죠. 실제로 다문화 가정의 자녀를 친구로 사귀고 그 부모님과 한 번이라도 만나 본다면, 이런 편견이 얼마나 말도 안 되는지 금방 알 거예요.

색안경을 벗고 다시 세상을 봐

　이주민은 새로운 삶을 찾아 우리나라로 온 사람들이에요. 그들이 이상하고 못된 게 아니라 우리가 그들이 이상하고 못됐다는 색안경을 쓰고 보는 거예요. 어떤 사람들이 자신의 나라를 떠나 더 넓은 세계로 나가려 할까요? 모험심이 많고, 성격이 적극적이고, 사람 만나는 것을 좋아하고, 어려움을 잘 참아 내는 사람들이겠죠. 그래서 많은 이주민이 친절하고 유쾌하며 성실해요.

편견은 마음속에 단단하게 자리 잡은, 한쪽으로 치우친 생각을 말해요. 무슨 일을 실제로 보거나 듣기 전에 이미 정해진 마음이라 선입견이라고도 하죠. 잘못된 생각을 바꾸지 않고 마음속에 지니고 있다고 해서 고정관념이라고도 불러요.

"있는 그대로 바라봐 주세요"

"이주민은 우리의 일자리를 빼앗고 범죄를 저지른다."라는 말이 사실일까요? 이주민들이 주로 하는 일은 힘들고 위험해서 한국 사람들이 피하는 일이에요. 일자리를 빼앗는 게 아니라 우리 대신 험한 일을 하면서 돈을 버는 거죠. 그렇다고 불쌍하게 여길 필요는 없어요. 혐오할 이유는 더더욱 없고요.

범죄도 마찬가지예요. 우리가 이주민들의 범죄에 민감한 건, 특별히 끔찍한 사건 몇 가지가 언론에 크게 보도되기 때문이에요. 살인 같은 강력 범죄는 우리나라 사람이 저질러도 큰 뉴스가 되잖아요? 실제로 한국인의 범죄율은 3.6퍼센트인데, 이주민의 범죄율은 1.6퍼센트로 절반에도 못 미쳐요.

꺼리는 마음은 왜 생겨났을까?

사람은 왜 무언가를 싫어하고 혐오하는 마음을 가지게 되었을까요? 인간이 왜 이런 마음을 가진 존재가 되었는지 연구하는 과학자들과 심리학자들은 이렇게 말해요.

"인간은 진화하면서 자신의 생명을 보존하기 위해 싫어하는 마음을 발전시켰다."

똥을 좋아하는 원시인보다 똥을 싫어하는 원시인이 병에 덜 걸리고 살아남을 확률도 높았겠죠. 그래서 인간은 똥, 콧물, 가래, 고름 같은 분비물을 피하고 상한 음식, 병균을 옮기는 쥐, 바퀴벌레를 싫어함으로써 위생을 지키고 건강도 지켰다는 거예요.

낯선 것, 다른 것, 새로운 것

옛날 옛적 조상님들에겐 처음 보는 낯선 사람도 꽤 무서웠을 거예요. 어떤 영향을 줄지 모르니까 일단 조심했겠죠. 인간에겐 원래 익숙하지 않은 걸 피하려는 마음이 있으니까요. 하지만 오늘날은 태어난 곳에서 백 명도 안 되는 사람만 만나고 살다가 죽는 그런 세상이 아니에요. 이 지구에 다양한 피부색과 생김새를 가진 사람이 살고, 그들이 자유롭게 전 세계를 오간다는 것을 모르는 친구도 있나요?

누구나 존중받을 권리가 있는 세상

그런데도 이주민들이 우리와 다르게 생겼다고 놀리고, 우리나라에 일자리를 찾으러 왔다고 무시하는 건 진짜 낡아 빠진 생각이에요. 도망친 노예를 잡아다 가두고, 여자는 학교에 다닐 수도 직업을 가질 수도 없던 시대에나 어울리는 생각이죠. 인간이라면 누구나 존중받고 행복하게 살 권리가 있다는 걸 오늘을 사는 우리는 알아요.

다른 건 틀린 게 아냐

잘 알지도 못하면서 어딘가에서 들은 이야기만으로 잘못된 편견을 품고 사람을 차별해서는 안 돼요. 모든 차별이 나쁘지만 가장 나쁜 건 그 사람이 선택할 수 없는 일로 차별하는 거예요. 성별, 장애, 나이, 출신 지역, 출신 국가, 가족 관계, 인종, 피부색은 누구도 선택할 수 없어요. 누구도 어느 나라 어떤 지역에서 어떤 피부색으로 태어나겠다고 선택해서 태어날 수는 없으니까요.

혐오는 차별을 낳는다

잘못된 이야기를 계속 듣게 되면 그게 진짜인 줄 알게 돼요. 우리가 가진 이주민에 대한 생각은 '그럴 것 같다.'는 편견에 불과하죠. 아무 근거도 없는 이런 편견이 차별을 낳아요. 편견은 한번 굳어지면 바로잡기가 힘들어요. 지금 우리의 마음은 모양이 만들어지기 시작하고 있어요. 처음부터 흉하고 비뚤어진 모양을 원하는 친구는 없을 거예요.

마음의 우산을 펴 보는 거야

 이 세상 사람 누구도 편견을 가지고 태어나지 않아요. 부모님, 친척들, 선생님, 친구들, 어딘가에서 들은 이야기, 자주 접하는 게임, 동영상, 인터넷 사이트에서 조금씩 주워듣는 거예요. 그렇게 가랑비에 옷이 다 젖듯이 비뚤어진 생각을 사실로 받아들이게 되는 거죠. 그런 말을 들을 땐 마음의 우산을 활짝 펼쳐서 막아야 해요.

이유를 먼저 생각해 봐

사람에겐 누구나 장점과 단점이 있어요. 내가 싫어하는 걸 친구가 가지고 있을 수 있고, 반대로 친구가 싫어하는 뭔가를 내가 가지고 있을 수도 있죠. 욕심이 많다고 생각했지만 무엇이든 소중히 여기는 아이일 수 있고, 거짓말쟁이라고 생각했지만 무척 소심하고 마음이 약한 아이일 수 있어요. 덮어놓고 싫어하기 전에 그 애가 왜 그러는지 먼저 생각해야 해요. 혐오도 마찬가지예요. 왠지 싫다면 왜 그런지, 싫어하는 마음은 어디서 왔는지, 혹시 편견은 아닌지 먼저 생각하는 습관을 들여야 해요. 나부터 편견의 피해자가 될 수 있으니까요.

혐오는 옳고 그름의 문제

혐오는 편견에서 시작되지만 더 나빠요. 편견에 사로잡혀 사람들을 차별하고, 상처 주고, 따돌리고, 쫓아내기 때문이죠. 혐오를 급식 메뉴를 대하듯 좋고 싫음으로 나누어선 안 돼요. 더구나 싫은 메뉴도 몸에 좋으니 참고 먹어야 한다는 걸 모르는 사람은 없잖아요? 혐오는 좋고 싫음이 아니라 옳고 그름의 문제랍니다.

차별 없는 디자인, 모두를 위한 디자인

'유니버설 디자인'은 모든 사람을 위한 디자인이에요. 성별이나 나이, 국적, 장애가 있고 없음에 상관없이 누구나 손쉽게 이용할 수 있는 물건이나 환경을 만드는 일이죠. '보편 설계'라고 부르기도 해요. 주위를 눈여겨 둘러보면 생각보다 곳곳에서 찾을 수 있을 거예요.
노스캐롤라이나 주립 대학교 유니버설 디자인 센터는
'유니버설 디자인'의 7대 원칙을 세웠답니다.

유니버설 디자인 7대 원칙

1. 누구나 불편함 없이 공평하게 사용할 수 있어야 해
2. 다양한 조건과 환경에서도 자유롭게 사용할 수 있어야 해
3. 사용자가 곧바로 이해하고 사용할 수 있어야 해
4. 필요한 정보를 충분히 나타내야 해
5. 사용자가 실수하거나 위험해지는 상황이 없어야 해
6. 사용하기 편해야 해
7. 누구나 접근할 수 있고, 사용하기 적절한 크기와 공간이어야 해

 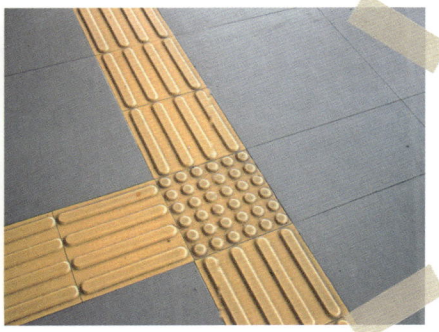

몸과 마음이 불편한 누군가를 배려하는 것도 중요해요. 하지만 '따로 하는' 배려보다 더 좋은 건 '함께하는' 거예요. 계단과 경사로가 같이 있다면 우리는 서로 헤어지지 않아도 되겠죠. 도로 위의 점자 블록도 함께 걷는 데 없어서는 안 될 요소예요.

국제아동인권센터가 만들어 낸 '옐로 카펫'은 횡단보도를 앞에 둔 인도에서 우리의 안전을 지킨답니다. 작은 친구들이 이곳에서 신호를 기다리면, 운전자들도 쉽게 볼 수 있어 교통사고를 예방해요.

5
가시 돋친 마음은 왜 생겨날까?

만들어진 혐오

'맘충'이라는 말, 들어 봤나요? 많은 사람이 아이 엄마를 가리켜 부르는 말이죠. 한 신문사에서 사람들이 '맘충' 하면 떠올리는 단어를 조사했어요.

**무개념, 시끄러움, 민폐, 못생김
노메이크업, 아줌마, 카페, 꼴 보기 싫음**

우리 엄마가 맘충이라니

아이 엄마를 벌레라고 부르며 떠올린 단어를 읽다 보면, 머릿속에 어떤 이미지가 그려지나요? 한 손에 커피를 들고 유모차를 밀며 눈을 치켜뜬 채 마구 새치기하는 덩치 큰 여성이 떠오르지 않나요? 그런데 여러분은 실제로 이런 사람을 본 적이 있나요? 우리 엄마도 나를 키우느라 몹시 피곤했던 어떤 날 어떤 순간, 흐트러진 모습으로 잠시 누군가에게 민폐를 끼쳤을지도 몰라요. 하지만 세상에 남에게 피해만 주는 엄마는 존재하지 않아요.

노키즈존 NO!

맘충과 함께 '노키즈존'도 탄생했어요. 어린아이들이 마구 돌아다니고 소란스러워 다른 손님을 방해한다며 식당과 카페에서 출입을 금지한 거예요. 사실 어떤 아이도 하루 종일 예의 바르고 얌전할 수 없어요. 우리도 더 어릴 땐 산만하고 말을 잘 듣지 않았잖아요? 그렇다고 해도 노키즈존을 만든 사람들이 생각하듯 백 퍼센트 제멋대로인 아이는 없죠. 그런데 왜 머릿속에서 최악의 아이를 만들어 낸 다음 모든 아이를 못 들어오게 하는 걸까요?

놀이터는 적고, 미세먼지는 심하고, 함께 놀 친구를 찾기도 어려운 도시에서 아이들을 배제하는 것만이 정답이었을까요? 아이와 엄마를 진짜 벌레처럼 취급하는 사람들의 머릿속에는 도대체 어떤 모습의 아이와 어떤 모습의 엄마가 들어 있는 걸까요?

그런 사람은 없어

사람들이 누군가를 혐오할 때는 머릿속에 그 대상에 대한 전형적인 이미지를 만든다고 해요. 이를 '스테레오타입'이라고 부르죠. 사회학자 오찬호 선생님은 누군가를 혐오하는 사람들은 가장 최악의 이미지를 찾는다고 해요. 그래야 자기가 하는 차별이 당연하다고 변명할 수 있으니까요.

그래서 이주민을 '후줄근하고, 게으르고, 폭력적이고, 우리 일자리를 빼앗아 가는 동남아시아 사람'으로, 동성애자를 '꾸미는 것을 좋아하고, 말투가 어색하고, 금방 병에 걸릴 것 같이 기분 나쁘고, 이상한 사람'으로 몰아가는 거죠.

스테레오타입은 어떤 특정한 사람이나 집단에 대해 갖는 생각과 이미지를 말해요. '과학자는 흰 가운을 입고 정체불명의 용액이 담긴 플라스크를 들고 있다.', '쥐는 치즈를 좋아한다.' 같은 생각들 말이죠. 쥐는 실제로 향이 강한 치즈를 좋아하지 않듯이 뚜렷한 근거가 없는 생각이라 편견이나 고정관념과 같은 말로 쓰일 때가 많아요.

근데 박사 모자도 스테레오타입 아냐?

왜 소수자에게 칼날을 겨눌까?

참 이상하죠? 왜 혐오하고 싶은 스테레오타입은 사회적 약자나 소수자를 대상으로만 만들어질까요? 머릿속에 가짜 이미지와 허상을 만들면 무엇이 좋길래 그러는 걸까요?

건국대학교 몸문화연구소의 윤김지영 선생님은 우리나라가 이긴 사람이 모든 걸 가지는 '승자 독식'의 사회라서 그렇다고 말해요. 열심히 노력해도 살기 힘드니까 자기가 힘든 원인을 소수자에게서 찾는다는 거죠.

모두가 남 탓을 하는 세상

그래서 사람들은 내 일자리가 없는 걸 이주민 때문이라고 생각해요. 이주민이 받는 차별과 험한 대우는 생각 못 하고서 말이에요. 동네에 장애인을 위한 특수학교가 들어서면 내 집값이 떨어지니 욕하며 쫓아내죠. 여자들이 너무 이기적이고 잘난 척하기 때문에 자신이 연애나 결혼을 못 한다고 생각하는 남자들도 있어요.

내 걸 빼앗아 간 사람은 따로 있어

하지만 우리가 행복하지 못한 이유는 소수자들 때문이 아니에요. 우리가 돈이 없고 일자리가 없는 건 큰돈과 큰 힘을 함부로 쓰는 사람들 탓이에요. 그들이 적은 돈으로 일을 시키다 쉽게 해고할 수 있도록 법과 제도를 바꿔 버렸기 때문이죠. 우리가 투표해서 그런 법과 제도를 다시 바꿔야 해요.

역사 속에서 반복된 혐오

불행을 남 탓, 소수자 탓으로 돌리는 일은 역사 속에서 여러 번 되풀이되었어요. 제1차 세계 대전이 끝나고 독일 경제가 아주 어려웠을 때, 사람들은 그 이유를 유대인에게서 찾았죠. 혐오는 끔찍한 유대인 학살로 이어졌어요.

지금도 마찬가지예요. 진짜로 우리를 힘들게 하는 잘못된 법과 제도를 찾아 바꿔야지, 내 옆에 있는 힘없는 사람을 괴롭히는 건 잘못된 분풀이일 뿐이죠.

잘못은 반복하지 않을 거야.

그 사람도 나와 똑같아

　혐오는 어떻게 보면 참 편리한 감정이에요. 우리 이웃에 흉악한 범죄를 저지른 사람이 있다고 해 봐요. 그 사람을 우리와 다른 사람이라고 여기는 것과 우리와 똑같은 사람이라고 여기는 것 중에 어느 쪽이 더 쉬울까요?

　흉악한 범죄자를 우리와 똑같은 사람이라고 생각하면, 우리 중 누구라도 그와 비슷한 상황에 놓일 때 범죄를 저지를 수 있다는 결론에 이르게 돼요. 내가 흉악범이 될 수도 있다니, 생각하기도 싫겠죠.

너도 그 사람이 될 수 있어

　하지만 누구든 돈이 없고, 집이 없고, 부모가 아프고, 친구가 등을 돌리면 절망감에 모든 걸 포기하고 범죄의 유혹에 빠질 수 있어요. 그러니까 누구도 그런 환경에 처하지 않도록 모두가 노력해야 하죠.

　그런데 그건 힘들고 피곤한 일이에요. 나도 그런 범죄자가 될 수 있으니까 환경을 바꾸려고 노력하는 대신, 그 범죄자를 혐오스런 존재로 몰아 사회에서 쫓아내는 게 훨씬 더 편하고 쉬워요.

힘들어도
함께하면
바꿀 수 있어!

혐오는 인간의 존엄성을 훼손해

우리는 어떤 누구도 혐오스러운 존재로 몰아 사회에서 쫓아내선 안 돼요. 인간의 존엄성이란 말, 들어 봤죠? '존엄'이란 높고 엄숙하다는 뜻인데, 무슨 말이냐면 인간은 모두 귀하고 소중하다는 거예요. 모두 똑같은 인간이라서? 아니에요. 모두 달라서예요. 지금 지구에 사는 70억 명 중에 똑같은 사람은 없어요. 수십만 년, 수백만 년 인류 역사 속에서 똑같은 사람은 단 한 명도 없었죠. 우리는 과거에도 현재에도 미래에도 단 하나뿐인 존재예요. 그래서 귀해요. 모두가 똑같이 귀하죠.

우리는 모두 단 하나의 눈송이

소수자는 우리와 똑같이 존엄한 인간이에요. 우리 모두에겐 인간답게 살 권리가 있고, 차별해서도 차별받아서도 안 되죠. 인간처럼 서로 비슷하면서도 다른 게 또 있어요. 바로 겨울에 내리는 눈의 결정이랍니다. 세상에 똑같은 모양의 눈 결정은 없어요. 모든 눈 결정이 비슷하면서도 다르죠. 그래서 눈이 그토록 아름답게 내리는 거예요. 흰 눈이 내린 풍경처럼 혐오를 넘어 달라진 세상을 자주 상상해 보길 바라요.

차이를 차별할 순 없어요

우리는 흔히 남과 나를 다르게 대접하는 걸 '차별'이라고 생각하고 굉장히 억울해합니다. 그런데 세상 속에서 차별이란 말은 조금 더 넓고 강한 뜻으로 쓰여요. 평등하게 대우해야 할 집단을 아무런 근거 없는 이유로 불평등하게 대우하고, 그게 쌓여 결국 그 집단이 사회에서 따돌림받고 격리되는 걸 '차별'이라고 하거든요.

오른쪽은 국가인권위원회가 제시한 19가지 차별 사유를 이모티콘으로 표현한 거예요. 각각 어떤 차별을 나타내는지 살펴보며, 내가 당한 차별 또는 내가 한 차별에는 어떤 것들이 있는지 생각해 볼까요?

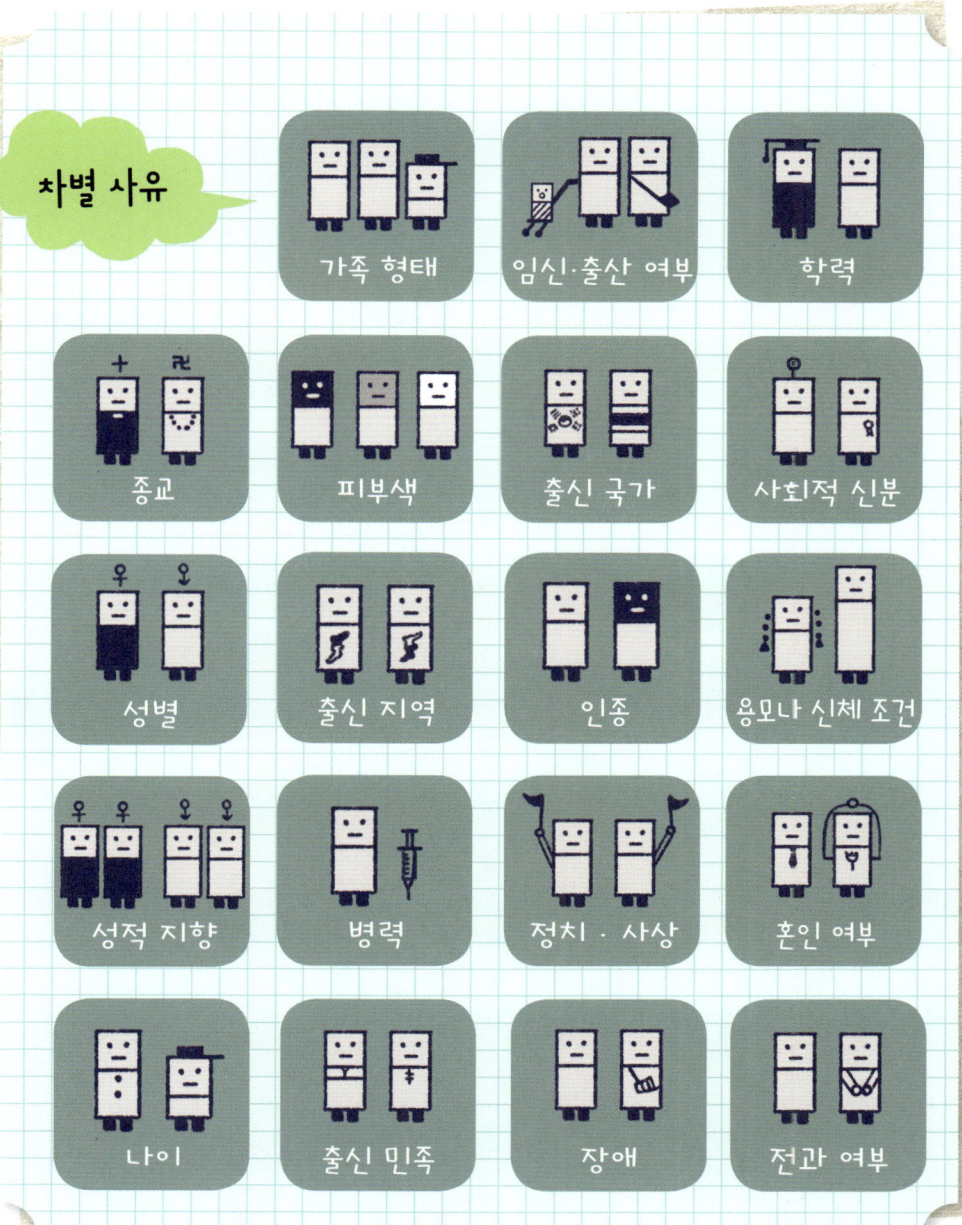

참고 도서와 기사

김지혜, 『선량한 차별주의자』, 창비, 2019
오찬호, 『하나도 괜찮지 않습니다』, 블랙피쉬, 2018
오창익, 『사람답게 산다는 것』, 너머학교, 2014
홍성수, 『말이 칼이 될 때』, 어크로스, 2018
홍재희, 『그건 혐오예요』, 행성B잎새, 2017
이혜정 외, 「학교 안 혐오 현상과 교육의 과제」, 경기도교육원, 2018
「혐오를 넘어 – 창간 71주년 기획」, <경향신문>, 2017.10.1.

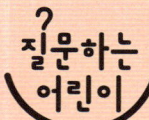

밖으로 나서기 전 옷을 입고 단추를 채우듯이,
세상으로 올곧게 나아가려면 물음표를 품고 생각을 채워야 합니다.
질문하는 어린이는 우리 어린이들이 앞으로 떠올리게 될
수많은 물음표를 하나하나씩 함께 채워 나가며,
새로운 가치를 발견하고 만들어 가는 시리즈입니다.

- 올해의 청소년 교양도서
- 한국어린이교육문화연구원 으뜸책 선정도서
- 책만사 올해의 책 어린이·청소년 부문
- 국가인권위원회 인권도서관 추천도서
- 서울시교육청도서관 추천도서
- 한우리독서토론논술 필독서
- 해법독서논술 필독서
- 행복한아침독서 추천도서
- 고래가숨쉬는도서관 추천도서
- 월간 책씨앗 선정도서
- 한국어린이출판협의회 이달의 어린이책